قانون

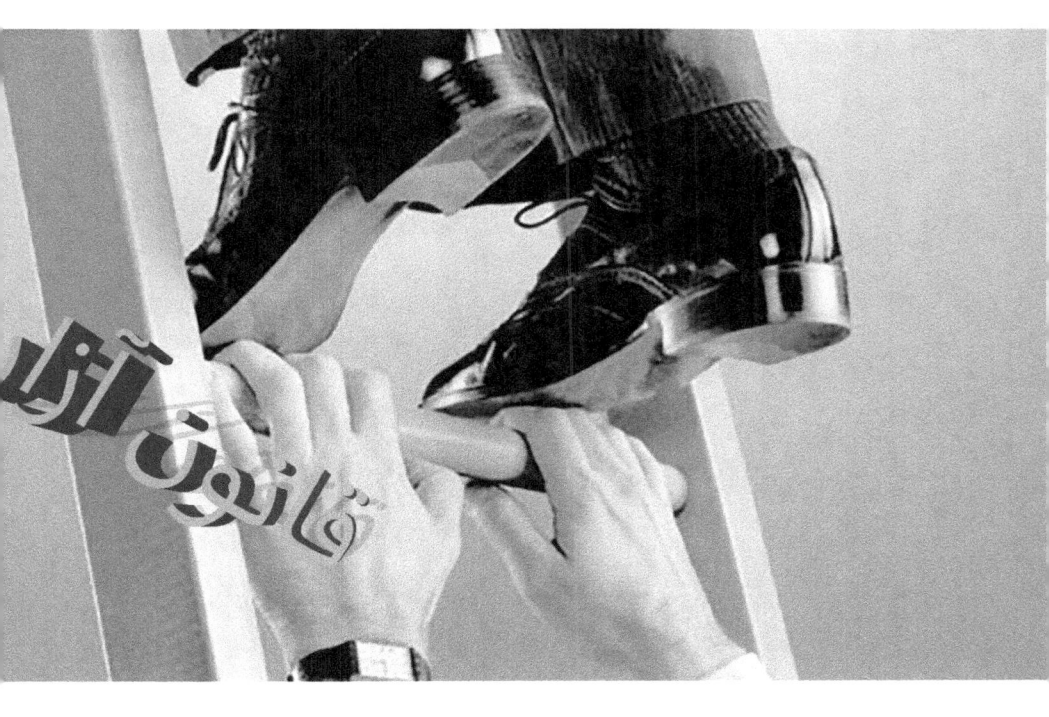

جوشش عشق بود کاندر می فتاد

مولانا

تقدیم به آن خورشید کهن سال که از دیار هجرت است و
رودی تماما" نور بر زندگی ام

سرشناسه: احمدیان زارچی ، علیرضا

عنوان و نام پدید آور: **قانون آزار** (یا مورچه ها با اشتهاء سوسک را می خورند)

عنوان انگلیسی : The Law of Troubling

(Or the Ants eat the cockroach with appetite)

مشخصات ناشر: فقط باغ گل های رز، فصل اول ، 1394

مشخصات ظاهری: [52] ص.

شابک: 978-1-329-58206-4

قانون آزار (یا مورچه ها با اشتهاء سوسک را می خورند)

نویسنده: علیرضا احمدیان زارچی

چاپ اول   شمارگان: 1000 نسخه

بها: در ایران 7000 تومان

در انگلیس 2 پوند ،   در ایالت متحده آمریکا 5.5 دلار

فهرست

5

چکیده:

برای موفقیت در جامعه بشری می بایست با دیگران جنگید تا پیروز شد. پیروزی شما مصادف است با شکست دیگران.

شکست دیگران یعنی اذیت شدن آنها و آزار دیدن.

و این آزار آنها را کسی جزء منِ پیروز شده موجب نشده است.

از حالا به بعد دو رویکرد پیش رو خواهد بود که یکی از آنها این است که:

پس اگر در نهایت آنها متحمل سختی و اذیت می شوند ، پس چرا از اول ما خود آگانانه آنها را آزار ندهیم تا زودتر به موفقیت برسیم ؟

این رویکرد، روشی است که در حال آنجام است و قسمتی از قانون آزار در کل است که توسط عده ایی روزانه برای تسریع موفقیت خود انجام می گیرد.

رویکرد دوم که عمل نمی شود و یا بسیار کم عمل می شود(و هدف این نوشته این است که آنرا تقویت کند) در این است که حالا که با قانون آزار همه در حال ضرر زدن به دیگران هستیم ، پس برای موفقیت بالاتر و بهتر ، چاره ایی نداریم جز اینکه به شکلی عمل کنیم که همه با هم موفق شویم. ما انسان ها همچون زندانی هایی هستیم که به هم زنجیر شده ایم و در حال حرکت هستیم. اگر یکی از این زندانی ها بخواهد به تنهای از گروه جدا شده ویا اینکه زودتر از دیگران بدود، این امکان را نخواهد داشت و همه با هم زمین خواهند خورد. پس موفقیت یک شخص به کل موفقیت افراد آن جامعه گره خورده است، و انسان برای کاهش قانون آزار به شکلی رفتار و برنامه ریزی می کند که موفقیت خود را در کنار موفقیت دیگران ببیند و سعی نماید همه را با هم بالا بکشد.

و اما حالت اول که اکثر جامعه به آن سو قدم بر می دارند: به نظر می رسد سوسک حشره ایی است زشت و تنفرآور ، که همه ازش دوری می کنند و از طرف دیگر مورچه حشره ایی است بی آزار که مردم مشکل خاصی با آن ندارند. در حالیکه مورچه که از آن کارتون های مختلف و زیبا درست می کنند ، در کتاب های مقدس از آن اسم برده می شود و به نوعی سمبل زحمت و تلاش هم محسوب می گردد، خود سوسک می خورد و به مراتب از سوسک هم کثیف تر است و هم چهره ترسناک تری دارد ولی چون کوچک است مردم آنرا نمی بینند و اگر هم می بینند به سادگی از کنارش عبور می کنند.

آزار دادن دیگران امری زشت و تنفرآور است که هم مردم از آن دوری می کنند، هم دانشمندان علم اخلاق آنرا نهی می کنند و هم در کتب مقدس بسیار نسبت به پرهیز از آن تاکید شده است و حتی آنرا به مراتب زشت تر و پست تر از کفر به خدا تلقی می کنند. این در حالیست که همین مردم روزانه در حال آزار یکدیگر هستند و برای شادی خود ، موفقیت خود و پیشرفت خود بی وقفه اطرافیان و جامعه را تحت فشار و آزار و اذیت قرار می دهند و هیچ کسی مشکل خاصی با آن ندارد. در واقع چون پنهان است و یا غیرمحسوس است همه با آن کنار آمده اند.

این نظریه بر این مبنا شکل گرفته است که اگر تحلیل اولیه درست بوده باشد که مردم برای موفقیت خود پیوسته دیگران را آزار می دهند ودر واقع هیچ موفقیتی بدون اذیت و آزار دیگران قابل محقق شدن نیست ، پس اگر این واقعیت بیرونی حقیقت داشته باشد که دارد و اگر این تحلیل درست باشد که می بینم درست است ، پس چرا برای موفقیت خود و تسریع آن قدمی آگاهانه تر برداریم و آن آزار و اذیت دیگران را وسعت ندهیم تا زودتر به موفقیت برسیم.

- مقدمه

آیا برای موفقیت می توان به قله های بلند صعود کرد بدون اینکه به کسی آزاری برسانیم ؟

مگر نه این است که منابع دنیا محدود است و برای تصاحب این منابع محدود ، هر میزان که بیشتر پیشرفت کنیم و سهم خودمان را از آن بالا ببریم یعنی اینکه سهم دیگران را از آن کم کرده ایم ؟

در نظر بگیرید که شما در یک سازمان و یا شرکتی مشغول به کار می باشید و در کنار دیگر کارشناسان آن شرکت فعالیت دارید. در صورتیکه از خود توانایی نشان بدهید و تلاش فرآوانی برای پیشرفت بکنید ، نظر رییس آن شرکت یا سازمان را جلب خواهید کرد و موجب می شود مدیرمستقیم شما را برکنار کرده و بخاطر تلاش های زیاد شما، سمت سازمانی او را به شما بدهند.

در واقع شما با تلاش بیشتر خود برای موفقیت بدون اینکه بخواهید زندگی آن مدیر ارشد را تحت فشار قرار داده اید و او را دچار رنج و سختی کرده اید. باعث شده اید که حقوق او یا کامل از بین برود و اخراج شود و یا حداقل کمتر از زمان دوران مدیریت اش شود. این باعث می شود که نتواند اقساط مختلفی را که دارد به موقع پرداخت کند و زندگی روزانه اش دچار اختلال و کندی می شود. اگر در کنار کار در حال تحصیل است ممکن است که دیگر نتواند تحصیل را دنبال کند و به اهداف بلند زندگی اش نائل شود ، با همسرش درگیر شود زیرا آرامش لازم را در منزل ندارد و دیگر مثل سابق امکان فراهم کردن نیازهای روزانه زندگی اش و حفظ کردن سطح رفاهی که قبلا داشته است را ندارد. و همه این بدبختی ها گردن یک نفر است ، درست حدس زدید ، خود شما. این شما بودید که با تلاش بیشتر زندگی یک شخص را تخریب

کردید. شما برای موفقیت بیشتر به دیگری آسیب زدید. البته شما چنین هدفی نداشتید و اصلا تمایل به صدمه خوردن آن شخص نداشتید ولی به هر صورت بصورت ناخودآگاه و ناخواسته موجب این همه سختی برای او شدید. دقت کنید موارد ذکر شده آسیب هایی که به مدیر ارشد قبلی زده اید حداقل مواردی بود که نام بردیم و بعضا امکان دارد که این موارد پیشرفت کند ، زن و شوهر از هم طلاق بگیرند ، و این مدیر کاملا بیکار شود و تا مدت ها نتواند شغل جدیدی بدست بیاورد. حتی ممکن است از شدت افسردگی به الکل معتاد شود و یا دیگر مواد مخدر و سلامتی اش به صورت جدی به خطر افتاده ، سکته مغزی یا قلبی نماید و فوت شود. یا اینکه خودش مستقیما" خودکشی نماید.

به مثال دیگری توجه نمایید:

تاجر ثروتمندی دارای یک کارخانه ریسندگی در یک شهر کوچک می باشد و تعداد 5 هزار نفر در آن شهر کوچک در آن کارخانه کار می کنند. می توان گفت که تقریبا اکثر شهر در آن کارخانه مشغول هستند.

تاجر ثروتمند تصمیم می گیرد که کارخانه را به علت اینکه سودده نیست تعطیل کند و زمین و ماشین آلاتش را که بیشتر ارزش دارند بفروشد و همین کار را هم می کند. کارخانه تعطیل می شود. بزرگان شهر نظیر شهردار ، فرماندار ایالت و غیره از او خواهش می کنند که اینکار را نکند و کارخانه را تعطیل نکند چون در این صورت کل شهر بیکار می شوند. به نظر شما خواننده گرامی ، آیا اینکه مردم بیکار می شوند به تاجر مربوط است؟ یعنی تاجر باید ضرر کند تا اینکه مردم زندگی شان را ادامه دهند؟ تاجر ثروت اش را نابود کند و خودش را بدبخت کند چون عده ایی دیگر می خواهند راحت زندگی کنند؟

فقط در صورتیکه آن تاجر بخواهد کار خیریه ایی انجام بدهد و اموال و دارایی اش را خیرات کند ممکن است که از تعطیلی کارخانه صرفنظر

10

کند ، در غیر اینصورت همه ما خواهیم گفت که باید کارخانه را تعطیل کند و پولش را با سالها با سختی جمع کرده است نجات دهد.

شاید نتوانید تصور کنید که چه میزان خسارت روحی و جسمی به کارگران آن کارخانه با تعطیل کردن آن وارد می شود. مردم آن شهر بیچاره می شوند. دیگر حتی برای یک غذای ساده هم باید بدبختی بکشند. بیمه بیکاری هم آنقدر نیست که بشود کل زندگی و مخارج آنرا تامین کرد. انسان های زیادی افسرده شده می شوند ، معتاد می شوند و خیلی بلاهای دیگر. و همه این مشکلات بخاطر یک نفر است ، تصمیم اقای تاجر که می خواهد موفق شود.

پس می بینیم که موفقیت این شخص ، به شدت به شکست دیگران گره خورده است و رابطه مستقیم دارد.

در قانون آزار ، ما متوجه می شویم که پیوسته در حال تلاش برای موفقیت یا به زبان شفاف تر پیوسته در حال شکست دیگران هستیم. در قانون آزار ما پیوسته در حال نابود کردن دیگران برای موفقیت خومان هستیم و فقط به سادگی از کنار آن عبور می کنیم چون اذیت و آزاری که به دیگران وارد می کنیم را مستقیما" مشاهده نمی کنیم ، پس آنرا مستقیم نمی دانیم و همین موجب می شود به راحتی آنرا قبول کنیم و بپذیریم.

پس اگر هر قدمی که بر می داریم در راستای نابود کردن و آزار دیگران است ، سووال اینجاست که چرا خودمان و موفقیت خودمان را معطل نماییم تا دیگران کم کم و آهسته نابود شوند وبعد از زمان فرآوان ما موفق شویم؟ چرا خودمان این مسیر رشد و موفقیت خودمان را سرعت نبخشیم؟ حالا که باید دیگران نابود بشوند تا ما موفق بشویم چرا اینکار را خودمان شفاف تر و آگاهانه تر تسریع نکنیم؟

مثلا در مثال بالا در خصوص کارمند شرکت، آیا بهتر نیست خودمان کارهای آن مدیر را، آگاهانه خراب کنیم تا او دچار مشکل شده و مدیریت اش به اختلال بربخورد تا زودتر بتوانیم جای او را بگیریم؟

فصل اول

1. تعریف قانون آزار (مورچه ها با اشتها سوسک می خورند !)

2. تعریف موفقیت

3. جایگاه موفقیت در قانون آزار

1. تعریف قانون آزار (مورچه ها با اشتها سوسک می خورند !)

هر گونه حرکت و پیشرفت به سمت موفقیت در جوامع بشری ممکن نیست مگر با آزار دادن دیگران. رابطه اش با شکست دیگران مستقیم است و االبته با یک رشد فزاینده و هندسی.

رابطه موفقیت انسان با شکست و آزار دیگران مستقیم است یعنی اینکه هر انسانی که موفق می شود همزمان با آن، انسانی آزار می بیند که نتیجه آن می باشد.

همچنین این رابطه خطی، بصورت هندسی می باشد بدین معنی که اگر شخصی موفق می شود و شخص دیگری را آزار می دهد ، این آزار برابر نیست با مقدار موفقیتی که ایجاد شده است. میزان شکست و آزار حاصل شده بارها و بارها بیشتر از میزان موفقیتی است که ایجاد شده است. هر چند امکان سنجش دقیقی برای مقایسه ایندو وجود ندارد زیرا که بیشتر در مقوله کیفی دسته بندی می شوند ولی با مقایسه ساده می توان به سادگی پی برد که شکست حاصل شده هندسی بوده است.

به عنوان مثال اگر شما با موفقیت خود بتوانید جایگاه مدیریتی بدست بیاورید شما با اضافه حقوق جدید خود تازه شروع می کنید به برنامه ریزی و شروع می کنید به تغییر در زندگی خود و آهسته آهسته در طی زمان آینده خود را می سازید. ولی ضرب المثلی قدیمی را نباید فراموش کرد که شهر رم ایتالیا هم یک شبه ساخته نشده است. در حالیکه در یک شب می تواند نابود شود در یک جنگ ، در یک آتش سوزی و موارد مشابه آن.

زندگی آن مدیر قبلی ظرف مدت بسیار کوتاهی تخریب می شود و نه تنها خودش بلکه زندگی اطرافیان نزدیک او نیز متاثر شده و تخریب می شود. یعنی موفقیت یک شخص شما، به شدت و سرعت در تخریب زندگی شخص مقابل اثر می کند. بله امکان دارد که مدیر شما تنها زندگی

کند و خانواده ایی نداشته باشد و از طرف دیگر شما دارای خانواده بزرگی باشید که موفقیت حاصل شده به همه خانواده شده کمک کند و رشد آنها را موجب گردد. با این وجود، میزان رشد و سازندگی همیشه کندتر و آهسته تر است نسبت به تخریب و ویرانی.

2. تعریف موفقیت

هر آنچه که موجب رشد مادی و معنوی انسان گردد را می توان موفقیت نامید.

اما آنچه در اینجا قابل تامل است این است که: اگر رشد حاصل شود ولی در آن شادی نباشد آیا می توان آنرا موفقیت نامید ؟

به مثال های ذیل توجه کنید:

دانش آموزی به زور پدر و مادر به مدرسه فرستاده می شود. سالها مشغول تحصیل می شود و هر روز با غم و اندوه به مدرسه می رود. در نهایت به درجه فارغ التحصیلی با مدرک دیپلم از دبیرستان نائل می شود. او به درجه ایی از رشد رسیده است ولی با اندوه و سختی و ناراحتی.

آیا می توان او را موفق دانست ؟

برای شفاف شدن بیشتر همین مثال را در مورد شخصی بکار می گیریم که به دانشگاه می رود و برای اینکه همسرش یا والدین اش دوست دارند او پزشکی بخواند به دانشکده پزشکی رفته و پس از سالها فارغ االتحصیل می شود. او یک پزشک است ولی کسی که با غم و اندوه و به زور تحصیل کرده است. در جامعه او را کسی می دانند که رشد عالی ایی داشته است. آیا می توان او را موفق دانست؟

جواب این است: از دید بیرونی بله، او موفق بوده است ولی از دید شخص خود او نخیر، او شخصی شکست خورده محسوب می شود. و دقت کنید که در نهایت خود انسان مهم است. خود او است که باید قضاوت کند که چه شخصی است. اگر همه عالم جمع شوند و او را شخص موفقی بدانند، و خود او چنین برداشتی از خود نداشته باشد، پیوسته خود را سرزنش کرده و در غم و اندوه عمر و زندگی خود را طی می کند تا به پایان برسد.

17

از طرف دیگر اگر شخصی خود را موفق بداند که غالبا" افرادی که داری جزم قوی هستند از این دست محسوب می شوند هر چند که از دید جامعه اشخصاص معمولی و یا ضعیف به حساب بیایند این افراد در درون خود شاد بوده و خود را موفق فرض می کنند.

مثلا کشاورزی را در نظر بگیرید که در روستایی به کشاورزی مشغول است. او که بر روی زمین پدری خود که متعلق به همه برادر و خواهرهایش می باشد کشاورزی می کند، در پایان فصل از اینکه توانسته است از دل زمین برکتی استخراج کند تا روزی خود و زن و فرزندش را فراهم کند راضی است. او از اینکه توانسته با دست خالی برای خانواده خودش نان و پنیری برای صبحانه، و نان و خورش ساده ایی برای ناهار تهیه کند شاد است. او خود را موفق می داند زیرا شاد است. این در حالی است که جامعه او را نه تنها انسان موفق بلکه انسان بسیار ناموفق فرض می کند زیرا ساده ترین غذا را می خورد، در زمینی کشاورزی می کند که خود مالک آن نیست و در نهایت امکان اینرا ندارد که به ساده ترین خواست های فرزندانش جامه عمل بپوشاند.

اما در نهایت خود او مهم است. او خود را شاد و موفق می داند و از زندگی اش لذت می برد، و بسیار ارزشمند تر است از آن پزشک متخصصی که شبانه روز در غم و غصه و ناراحتی زندگی می کند و خود را سرزنش می کند ولی جامعه او را بسیار موفق می داند.

3. جایگاه موفقیت در قانون آزار

آیا رشد هایی قابل تصور هستند که هیچ آزاری برای دیگران نداشته باشند؟

بی شک اگر انسان بخواهد به شکل کامل ایزوله و دور از اجتماع زندگی نماید و تمام خواسته های مادی و معنوی خودش را تنهایی فراهم نماید ، در این صورت اگر به رشد مادی و معنوی ایی برسد قطعا" بدون زیان به دیگران بوده است. بله، اگر شخصی از یک کشتی غرق شده بر روی یک تکه چوب به یک جزیره ایی برسد و مثل داستان رمان رابیسنون کروزو، به تنهایی همه چیز را از اول درست کند، شاید بتوان موفقیت او را بدون آزار به دیگران در نظر گرفت. اما این حالت ربطی به قانون آزار ندارد زیرا قانون آزار در خصوص موفقیت در زندگی بشری صحبت می کند و در زندگی اجتماعی، زندگی ایی جاری در ارتباط با دیگران.

اما اینکه گفته شد شاید، شاید بتوان موفقیت آنها را بدون آزار به دیگران در نظر گرفت زیرا اگر شخصی بتواند در جزیره ایی دور افتاده برای خود کلبه ایی درست کند، بتواند سیستم آبرسانی درست کند، بتواند زندگی خود را سامان بدهد، این تلاش او معجزه نبوده بلکه از علم هایی است که پیشتر در زمان زندگی اجتماعی خود کسب کرده است. او با آن علوم از یکطرف، و با تفکر و اعتماد به نفسی که در آن دوران کسب کرده است به این نتیجه رسیده است که می تواند زندگی خود را به تنهایی اداره کند، می تواند نجات پیدا کند.

او این ثروت را که علم، اعتماد به نفس، فنون مختلف و غیره می باشد از دوران زندگی اجتماعی خود دارد که قطعا"، در همان دوران شامل قانون آزار بوده است و هر چه بدست آورده است دیگران را چندین برابر آزار داده است، پس حتی همین الان در تنهایی خود در جزیره نیز، با اینکه

ایزوله از دنیای بیرون شده است، ولی موفقیت ها و رشد مادی و معنوی ایی که بدست آورده است را می توان در ادامه همان مسیر آزار دیگران دانست و می توان اینطور معنی کرد که:

این رشد بدست آمده در این جزیزه بخاطر آزار دیگران بدست آمده است.

فصل دوم

4.   موفقیت های چند ثانیه ایی در مقابل آزارهای چند ثانیه ایی
5.   موفقیت های نسبی (دو کارخانه نساجی)

4. موفقیت های چند ثانیه ایی و آزارهای چند ثانیه ایی

در زندگی پیوسته ما انسان ها برای رسیدن به موفقیت در تلاش هستیم. پیوسته برای رشد مادی و معنوی خود در حال کار کردن ، مطالعه کردن ، تفکر کردن و حرکت کردن هستیم. اما به همین نسبت هم ما انسان ها پیوسته در حال آزار دادن دیگران هستیم حتی اگر که مقدار آن کم و از لحاظ زمانی بسیار کوتاه باشد. لازم نیست که حتما" شغل دیگری را تصاحب کنیم تا به او آزاری رسانده باشیم بلکه بطور معمول ما در حال آزارهای کوچک به دیگران هستیم که می توان آنرا آزارهای چند ثانیه نامید.

آزارهای چند ثانیه ایی در مقابل موفقیت های چند ثانیه ایی است که ما برای خود فراهم می کنیم. به مثال های ذیل توجه کنید:

مثال خروج ماشین از منزل برای ورود به خیابان:

هنگامی که شما با ماشین خود می خواهید از منزل خود خارج شوید، اگر منزل شما مستقیما" به خیابان وصل باشد ، هنگامی که می خواهیدماشین خود را از پارکینگ منزل بیرون بیاورید و وارد خیابان شوید، ماشین های دیگر مجبور می شوند توقف نمایند تا شما بتوانید وارد خیابان اصلی شوید. یا حتی اگر از کوچه فرعی می خواهید داخل خیابان اصلی شوید.

پس شما به اندازه 3 یا 4 ثانیه با وارد شدن به خیابان اصلی، موجب این می شوید تا دیگر خودروها و ماشین ها توقف نمایند.

بطور معمول اگر آن خیابان دارای ترافیک کمی باشید، سه یا چهار ماشین توقف می کنند تا شما به خیابان اصلی وارد شوید. از این چند ماشین، هر یک چند ثانیه معطل می شوند تا دوباره حرکت کنند.

23

در این صورت شما، برای رسیدن به محل کار خود، یا محل تحصیل خود موجب شده اید تا دیگران چند ثانیه از رسیدن به محل کار خود و زندگی خود عقب بیافتند. پس شما برای رشد خود و موفقیت خود موجب شدید چندین نفر هر کدام چند ثانیه از رسیدن به هدف خود ، عقب مانده و معطل شوند. در واقع شما موجب شده اید تا دیگران از موفقیت شما، شکست و آزاری را متحمل شوند.

شما تمایلی به آزار دیگران ندارید ، شما علاقه ایی به آسیب رساندن به دیگران ندارید ولی در عمل آنچه انجام داده اید همان آزار دیگران است.

در واقع شما به صورت ناخواسته به دیگران آسیب رسانده اید و آزار داده اید. حالتی که دیگران نیز برای رسیدن به کار و زندگی خود با شما انجام می دهند و به همین صورت زندگی در جریان است، همه برای زندگی یکدیگر را آزار می رسانند. هر چقدر بیشتر در این زندگی در تلاش باشید، به همان اندازه موفقیت بیشتری را سهم می برید و چندین برابر نیز از آن موفقیت بدست آمده دیگران را آزار خواهید رساند.

مثال سوار شدن آسانسور:

در نظر بگیرید که شما وارد ساختمان کار و یا منزل خود می شوید و وارد آسانسور شده و به طبقه سوم یا پنجم یا هر طبقه ایی که هستید می روید. در این فاصله نیز افراد دیگری از راه می رسند که دکمه آسانسور را می زنند و معطل می مانند تا شما از آسانسور پیاده شده، آسانسور به طبقه همکف برسد تا سوار شوند.

معمولا فاصله زمانی 10 تا 20 ثانیه ایی طول خواهد کشید که افراد دیگر بتوانند سوار آسانسور شوند.

این فاصله که آنها معطل مانده اند، در واقع زمانی است که شما برای رسیدن به زندگی خود، هدف خود و کار خود به نفع خودتان استفاده کرده اید و با اینکار موجب شده است آنها منتظر و معطل بمانند. آنها 20 ثانیه دیرتر به هدف و زندگی خود برسند. و آنها در این فاصله از شما آزار ببینند.

حالتی که در مورد شما هم صادق است هنگامی که دیگران همین کار را با من و یا شما انجام می دهند. پس همه ما برای رسیدن به زندگی خود ، هر روز، بارها و بارها دیگران را آسیب زده و آزار می رسانیم و زندگی بدون این آزار و آسیب ها، ممکن نمی باشد مگر اینکه زندگی ایی ایزوله در جزیره ایی داشته باشیم(که آن هم توضیح دادیم که از با کوله باری از آزار دیگران از قبل، فقط امکان موفقیت در جزیره را خواهید داشت).

از این دست مثال های می توان صدها مورد نام برد که شما موجب آزار چند ثانیه ایی دیگران می شوید: صف خرید کردن در فروشگاه که دیگران پشت سر شما منتظر می مانند، در هنگام سوار شدن تاکسی، نشستن بر روی صندلی در اتوبوس یا مترو قبل از دیگران، صف ترافیکی ماشین هایی که هنگام تاکسی سوار شدن شما ایجاد می شود، معطل شدن افرادی که در صف رستوران پشت سر شما منتظر می مانند ، و دیگر موارد...

5. موفقیت های نسبی (دو کارخانه تولیدی)

گروهی دیگر از موفقیت هایی که ما کسب می کنیم و آزارهایی که به تبع آن به دیگران وارد می سازیم بصورت تشکیکی، تدریجی و چند درجه ایی می باشد. یعنی اینکه همیشه موفقیت های ما ، یکباره نیست. یعنی اینطور نیست که یک سمت و شغلی کسب نماییم و بخاطر آن شغل جدید دیگری را آزار دهیم. یا اینکه کارخانه ایی را تعطیل کنیم برای موفقیت خودمان و دیگران را دچار آسیب کنیم. بلکه غالب آزارهای ما به دیگران از جنس موفقیت های نسبی و چند لایه ایی هستند. به گونه ایی که ما با اعمال خود ، به سمت موفقیت حرکت می کنیم و قسمتی از رشد را برای خود تامین می کنیم. و به میزان هندسی ، چند برابر آن نیز به دیگران لطمه وارد می سازیم. به مثلا ذیل دقت کنید:

دو کارخانه تولید پوشک بچه در شهری مشغول به رقابت با هم می باشند. تنها همین دو کارخانه در آن شهر به تولید این محصول مشغول می باشند. کارخانه اول کارخانه ایی قدیمی تر می باشد و کارخانه دوم کارخانه ایی است که تازه به میدان فعالیت و رقابت وارد شده است. کارخانه جدید با تلاش شدید خود و با امکانات پیشرفته ایی که تهیه کرده است کم کم سهم خود را در فروش بدست آورده و رقیب جدی کارخانه قدیمی می شود و هر یک 50 % سهم از بازار را در این شرایط دارا می ‌باشند. در ادامه این رقابت می تواند 10 درصد از سهم بازار را بیشتر از کارخانه قدیمی به خود اختصاص بدهد. معنی آن این است که کارخانه قدیمی 10 درصد سهم بازار خود را از دست داده است. با تلاش بیشتر کارخانه جدید این موفقیت و سهم بازار باز بیشتر شده و 20 درصد بیشتر نیز از دست کارخانه قدیمی خارج و به دست کارخانه جدید می افتد. در این شکل تعادل بازار به این صورت می گردد که کارخانه جدید 80 درصد بازار و کارخانه قدیمی 20 درصد سهم بازار را دارا می باشند. پس می بینیم که کارخانه جدید بصورت تدریجی به موفقیت رسیده است یعنی از همان روز تاسیس که شروع کرده و کم کم خودش را به سهم 50

% بازار رسانده در تمام آن مدت در حال رشد خود و شکست رقیب بوده و به صورت تدریجی به شکست و آزار کارخانه قدیمی اقدام نموده است. کارخانه قدیمی نیز در طول این مبارزه ، در طی دوره هایی مجبور شده است که کارگران خود را اخراج کند. زیرا دیگر فروش قبلی را نداشته و امکان تولید در سطح قبلی را از دست داده است و توان پرداخت حقوق و دستمزد کارگران خود را از دست داده است.

غالب موفقیت های ما از این دست می باشد، بصورت تدریجی و نسبی، و نه یکباره و آزار آن نیز به همین صورت تدریجی است گرچه چند برابر است.

6.   ممکن بودن سرعت بخشیدن به آزار

آیا اساسا" اگر کارخانه دار جدید ، بخواهد کارخانه قدیمی را نابود کند و آزار را به حداکثر سرعت انجام دهد و یا در مثال های دیگر نیز به همین روال مردم بخواهند قانون آزار را در اوج سرعت و آگاهی انجام دهند اساسا" امکان تحقق دارد؟

آیا اساسا" این قانون را می توان در اوج آگاهی به حداکثر رساند یا اینکه اگر بخواهد بصورت مطلق همه آنرا انجام دهند امکان تحقق آن منتفی است؟

مثلا فرض کنید کارخانه دار جدید برای موفقیت خود بخواهد قانون آزار را در حالت حداکثری انجام دهد. پس کسی را می فرستد تا کارخانه قدیمی که رقیب اوست را آتش بزند و به شکلی اینکار را بکند که بیمه هم فکر کند که آتش سوزی عمدی بوده و خلاصه با اینکار رقیب اش را نابود کند.

آیا اگر آن کارخانه دار جدید بخواهد کارخانه قدیمی را با خرابکاری به آتش بکشد تا موفقیت خود را با آزار حداکثر تضمین کند و سرعت ببخشد ، و از طرفی دیگران همه بخواهند برای موفقیت خود دست به اعمال اینچنینی بزنند آیا دیگر جهان امکان ادامه حیات را خواهد داشت؟

سوال این است که آیا اگر همه بخواهند برای موفقیت دست به خرابکاری بزنند تا زودتر موفق بشوند، آیا دیگر کسی می تواند موفق شود؟ آیا اساسا" امکان محقق شدن دارد؟

آیا کارگران خود همان کارخانه جدید برای اینکه موفقیت حداکثری داشته بشند، خود دست به اعمال خبیثانه نخواهند زد؟ و آیا خود یکدیگر را نابود نخواهند کرد؟ و آیا در این صورت دیگر کارخانه ایی باقی خواهد ماند تا اینکه بتواند کارخانه قدیمی را از صحنه رقابت بیرون کند؟

در واقع اگر همه دست به تسریع تخریب و آزار در حالت اوج و حداکثری بزنند، دیگر از جهان چیزی باقی خواهد ماند؟ در واقع این قانون در اوج حالت خودش، یعنی در حالت مطلق خودش اصلا ممکن است؟

مگر نه این است که همه همدیگر را خواهندخورد؟ دیگر جهانی نمی ماند ، دیگر انسانی زنده نخواهدماند که بخواهد موفق باشد یا شکست خورده.

پس می توان نتیجه گرفت که قانون آزار" عملا در حالت حداکثر نمی تواند محقق شود.

در جواب بالا باید گفت که بله ممکن است و محقق هم می شود. دلیل ما هم این است که چه چیزی را شما در جهان می بینید که حالت مطلق داشته باشد و در جامعه بشری اجرا شده باشد؟

مگر قانون نیوتن مطلق است و همیشه و همه جا محقق می شود؟

مگر نه این است که جهان و همه ادیان بدنبال روزی هستند که مدینه فاضله(شهر برتر و ایده آل) محقق گردد که مملو از خوبی های است بدون هیچ ظلمی در آن. مگر چنین حالتی محقق می گردد بصورت مطلق آن؟

همانطور که دیگر قوانین و نظریه ها در کل جهان تحقق نیافت و هرگزی هم فراگیر مطلق نخواهد شد (به علت اساس و بنیان انسان که متفاوت اندیش است و هر انسانی با دیگری فرق دارد) پس این قانون نیز که توسط همه (یا همه آنهایی که در جستجوی موفقیت در جامعه بشری هستند) در حال اجرا است ، فقط توسط گروهی کمی به حالت اوج و حداکثری در حال اجرا است ، همان هایی که در حال حاضر کشورها و جهان را تحت سلطه مال و نفوذ و قدرت و علم خود دارند. و فقط هم عده ایی کمی از مردم دنیا بعد از خواندن این کتاب و آگاهی از قانون آزار ،

به صورت هوشمندانه از آنچه در حال اتفاق بر سر آنها توسط دیگران
است خود را بالا کشیده و از طریق آزار خود را در حالت اوج قرار
خواهند داد تا بتوانند بر دیگران برتری جسته و به زبان دیگر موفق شوند
یَ موفقیت خود را بصورت گروهی عملی می کنند تا کل جامعه همه رشد
نمایند.

7. آزار دیگران فقط برای موفقیت یا برای لذت؟

اینکه آزار دیگران در علوم پزشکی تحت عناوین مختلف بیماری دسته بندی می شوند(نظیر سادیسم و غیره) از جهت اذیت و آزار دیگران است به صرف اذیت و آزار دیگران. یعنی به خودی خود این اذیت دیگران هدفمند نمی باشد. ولی در قانون آزار که همه مردم جهان روزانه با آن درگیر است به جهت هدفی و اهدافی صورت می گیرد که همانا چیزی نیست جزء تلاش برای زندگی موفق.

در زندگی اجتماعی تفاوت عمده یی که با قانون جنگل و راز بقاء دارد در این است که در جنگل حیوانات و موجودات زنده ، برای زنده مانده دست به شکار و خوردن دیگران می کنند و نه بیشتر. شیر یا پلنگ در جنگل شکار نمی کند تا اینکه سلطه خودش را به اثبات برساند و یا اینکه آنرا دستمایه زندگی بهتری قرار دهد تا مثلا در مکانی بهتر یا جایگاهی بهتر قرار بگیرد. آنها فقط برای زنده ماندن این درندگی و آزار را منحصه ظهور می گذارند و نه چیزی بیشتر.

اما در انسان، همه در تلاش برای دست یافتن به چیزی بیشتر از یک غذا خوردن هستند، زیرا که اگر فقط غذا خوردن ملاک بود، هزاران سال پیش انسان موفق به رفع این حاجت خود شده بود و دیگر نیازی به تلاش بیشتر نداشت.

در این میان افرادی که به آزار دیگران بدون هیچ هدفی دست می زنند مشمول همان دسته بندی بیماری می شوند. غالبا این بیماران از آزار دیگران هدفی جز لذت نداشته و اکثرا اساسا" هدفی ندارند.

سوال کلیدی در این فصل این است که اگر انسان بر اساس قانون آزار نسبت به اذیت دیگران مشغول است و اگر این انسان برای اهداف خود که موفقیت اساس کلی همه آنها می باشد در تلاش می باشد، آیا مجاز خواهد بود فقط برای لذت به اذیت کردن دست بزند؟

در فواصل قبلی دیدیم که آزاردادن که امری غیر اخلاقی محسوب می شود عملا" توسط همه مردم جهان بصورت پیوسته و دائمی در حال اجرا شدن است. از طرفی این عمل غیراخلاقی که همه در دایره چرخه آن قرار دارند تا به موفقیت برسند، در نهایت موفقیت را برای چه نیاز دارند؟

انسان ها بدنبال ثروت، قدرت، شهرت، علم، و دیگر فاکتورهای شاخص که موفقیت نامیده می شوند هستند. ولی در نهایت بدنبال موفقیت هستند که به چه برسند؟

یعنی شخصی که به قدرت رسید، صرف قدرت چه دستاوردی برای او دارد تا او به نسبت قبل که آن قدرت را نداشت تلاش کند قدرت را بدست بیاورد. یعنی اینکه به دیگران کنترل داشته باشد، امر و نهی کند یا حتی امکان اینرا داشته باشد که تفاوت های عمده بواسطه قدرت اش ایجاد کند چیزی جز زحمت و خستگی برای او خواهد داشت؟

یا شخصی که ثروت اندوزی می کند یا شخصی که بدنبال شهرت می رود در آخر می خواهند از ثروت خود استفاده کنند و از شهرت خود تا به چه چیزی برسند؟

جواب همه این موارد یکسان است. در یک کلمه است: لذت

انسان با قدرت بدست آمده اعم از اینکه در جهت مثبت برای ساخت و تکامل زندگی خود ودیگران از آن بهره ببرد و یا در جهت تخریب زندگی افراد و بشریت از آن سوء استفاده کند، در نهایت بدنبال آن حس نهایی در خود است که لذت است.

انسان بدنبال لذت است، و هرچه تلاش بیشتر می کند، در این راستا است که لذت ببرد، چه ثروت اندوزی کند و یا دانش و علم کسب کند یا دیگر شاخص های موفقیت.

اینکه شخصی از قدرت بر دیگران لذت می برد ولی دیگری از علم و دانش ، بسته به سلیقه و طبع اشخاص متفاوت است ولی در نهایت همه راه ها به رم ختم می شوند و همه در آخر بدنبال لذت هستند.

شاید بعضی بگویند که این لذت با آن لذت از زمین تا آسمان متفاوت است. اینکه شخصی از حکومت کردن بر دیگران لذت ببرد، با آن شخص که از میگساری لذت می برد متفاوت است. یا آن شخص که از دانش اندوخته خود در جهت کمک به بیماران و نیازمندان بهره می جوید و در راستای حرکت معنوی قدم بر میدارد کاملا" متفاوت است.

در جواب باید گفت، که خیر، همه در نهایت به لذت ختم می شود. شاید از بیرون بتوان اینطور تقسیم کرد که این لذت مادی است و آن لذت معنوی است، ولی آیا واقعا" لذت در درون انسان مادی و معنوی دارد؟

لذت در نهایت، آن احساس خوب و مثبتی است که شخص در درون خویش برایش ایجاد می شود و از انجام آن کاری که کرده است نسبت به خود حالتی رضایتمند دارد.

به این مثال توجه کنید:

سارقی که در یک سرقت، کیف پول شخصی را به زور از او می دزدد، و ناچار می شود که برای گرفتن کیف پول به طرف مقابل چندین مشت و لگد نیز حواله کند، این شخص از اینکه توانسته است پولی را سرقت کند ، و در این تلاش موفق شود حساس رضایتی خواهد داشت. اما شاید همین شخص دزد، بعد از مدتی از اینکه مجبور شده است طرف را کتک بزند، یا حتی خشونت بدتری را بکار بگیرد مثلا با چاقو او را زخمی کند ، دچار نارحتی و عذاب وجدان شود. پس با این مثال مشخص می شود که دیگر نمی توان گفت که موفقیت لذت را در نهایت خود به دنبال دارد و لذت همان رضایتمندی است.

در جواب باید گفت که اگر این شخص دزد و سارق از لذتی که برایش ایجاد می شود نمی تواند رضایتمندی خوبی داشته باشد یعنی پس از مدتی دچار نارحتی درونی می شود، این ناشی از تفکری است که جامعه در او ایجاد کرده است که آسیب زدن به دیگران، یا دزدی، یا زخمی کردن دیگران کاری بد است. این تفکر جامعه که غالبا" ریشه مذهبی هم دارد از طریق عرف و آموزش از طرف جامعه به اشخاص منتقل می گردد. ولی اگر همین شخص، این عمل را تکرار کند، بزودی این تلقین احساس بدی که جامعه در او ایجاد کرده از بین خواهد رفت و او لذتی کامل را تجربه خواهد نمود.

پس لذت گام نهایی هر حرکت و گامی است که ما انسان ها برمی داریم. به همین شکل است در مورد رضایت درونی. امکان دارد شخصی روزها در جهت تزکیه نفس تلاش نماید و شب ها تا به صبح عبادت کند و سختی ها در جهت خدمت به مردم بر خود تحمیل کند تا به چیزی فرا مادی که همان رضایت خالق یا خدای خود است برسد. ولی همانا خود او نیز در نهایت به دنبال رضایت ایی درونی و لذتی در آن است که در پی این سختی ها برایش ایجاد می شود. هنگامی که به این احساس می رسد که کارش را در مقابل خدای خود با موفقیت به انجام رسانده است مثلا روزه گرفته است، یا به فقراء کمک کرده است. در خود احساس بسیار مثبتی دارد که ناشی از عملی است که انجام داده است.

اینکه بگوییم این احساس رضایت از جنس متفاوتی است با آن احساس لذتی که مثلا از مسائل مادی نظیر سکس و یا اعمال قدرت بدست می آید ، فقط بسته به خود شخص دارد. اینکه در درون انسان چه تغییرات شیمیایی صورت می گیرد و غده های متفاوتی هورمن های مختلف و متفاوتی را ترشح می کنند، به نظر پزشکان متخصص بر می گردد ولی در آخر شخصی احساس رضایت اولی را دوست دارد و شخصی احساس رضایت دومی را و هر دو در نهایت دنبال یک رضایت درونی هستند و

حتی اینکه شخصی هر دو را با هم دوست داشته باشد هم قابل پذیرش است که البته در بیشتر انسان ها در دنیا این حالت آخر صادق است.

حال که این مسئله تا اینجا مشخص شد، آیا ما انسان ها که برای موفقیت خودمان دست به آزار دیگران می زنیم، آیا اجازه داریم که مستقیم به سراغ نتیجه نهایی که لذت باشد برویم؟

قطعا" اگر قانون آزار را پذیرفتیم که واقعیت دارد، و اگر پذیرفتیم که موفقیت ها برای بدست آوردن لذت است، می توانیم این گام را نیز بپذیریم که مستقیم می توان به سراغ لذت ها رفت ولی یک اما و اگر بزرگ در آن است.

اگر گام های رسیدن به لذت به ترتیب برداشته نشود، یعنی مثلا اگر کسی که بدنبال ثروت است تا با آن بتواند خواسته های جنسی و سکسی خود را تامین کند، اگر این گام ها را برای رسیدن به خواسته خود درست انجام دهد ، لذتی که در انتظار دارد را خواهد چشید.

ولی اگر این زنجیره را قطع کرده و بصورت میانبر برای رسیدن به لذت جنسی از طریق قانون آزار تلاش کند، مثلا سکسی را برای خود ایجاد کند که از طریق تجاوز باشد، هرگز لذت ایجاد شده برای او آن لذتی که در حالت عادی دارد نخواهد بود. هرگز برابر نیست با آن لذتی که از طریق واسط های آن دنبال شده و رسیدن به آن پله به پله رعایت شده است.

پس هرگز اقناع نخواهد شد، هرگز راضی نخواهد شد. در نتیجه می توان گفت که جواب در حالت کلی مثبت است که بله می توان مستقیما" برای لذت اقدام کرد زیرا قانون آزار اینطور حکم می کند که انسان با آزار دیگران به موفقیت برسد و اینطور حکم می کند که برای رسیدن به موفقیت و لذت نهایی، آزار دیگران را در حالت اوج قرار دهد و در اینصورت می تواند هر مانع اضافی را از سر راه حذف کند. ولی اگر

این سلسه مراتب درست رعایت نشود لذت مورد انتظار را دربر نخواهد داشت، پس یک لذت بسیار ناقضی خواهد بود که رضایت نهایی را برای شخص ایجاد نمی کند، هر چند که نظیر آن دزد پس از مدتی شخص به همین نوع لذت کم هم راضی می شود و دیگر احساس بد را نخواهد داشت.

در عمل این میانبر زدن و مستقیم سراغ لذت نهایی رفتن در قانون آزار نتیجه مطلوب را نخواهد داد.

فصل سوم

8. آیا قانون آزار اخلاقی است

9. همه در چرخه قانون آزار حتی بی آزارها

10. حق الناس مفهومی نامشخص

8. آیا قانون آزار اخلاقی است؟

در این خصوص بصورت کلی در مقدمه صحبت شد که بزرگان علم اخلاق، آزار دیگران را غیراخلاقی می دانند، در حالیکه در این قانون توضیح داده شد که زندگی بدون آزار دیگران در شکل اجتماعی آن ممکن نمی باشد. چطور می توان از آزار دیگران دوری کرد ولی در اجتماع زندگی نمود؟

شاید اینطور جواب داده شود که چون همه در حال آزار دیگران هستند پس در واقع در یک دریای رفتار متقابل هستیم و همگی آنرا در یک سطح ساده و ابتدایی آن در صورتیکه غیرآگاهانه باشد را می توانیم بپذیریم و در این سطح دیگر آزار محسوب نشود.

اینکه رفتار ما نسبت به دیگران اگر ناآگاهانه باشد قابل قبول یا قابل چشم پوشی محسوب می گردد مطلبی بسیار دور از حقیقت است.

همه ما به شکل دائم به آزار دیگران مشغول هستیم ولی اگر ادعا شود که این آزار ناآگاهانه است یا آزاری است که ما به آن برای زندگی مجبور هستیم، در جواب گفته می شود که بله، برای زندگی و ادامه حیات از این قانون هیچ گریزی نیست ولی کاملا آگاهانه است. یعنی ما انسان ها با هوش و آگاهی کامل خود در جهت رشد خود برای موفقیت تلاش می کنیم

و کاملا" آگاه و واقف هستیم که این تلاش ما منجر به دست یافتن پست مدیریتی ایی می گردد که شخصی در حال حاضر زندگی خود را با آن تنظیم کرده است. ولی نکته در این قسمت است که به این مرحله که می رسیم، لذت نهایی خودمان را که ناشی از موفقیت ما خواهد شد را به همه چیز دیگر ترجیح خواهیم داد و شکست دیگران را با اینکه دردناک است نادیده خواهیم کرد. سعی می کنیم طوری وانمود کنیم که انگار هیچ اتفاق بدی نیافته است و اصلا" ما خبر نداریم.

41

این در حالی است که اگر شخص دیگری آن پست مدیریت را کسب کند و آن مدیر از دوستان ما باشد، ما برای دلداری دوست مدیر خود که شغل خود را از دست داده است، بسیار با او همدردی خواهیم کرد. پس نشان میدهد که ما می فهمیم که از دست دادن یک شغل چه دردی دارد و چه عواقب تخریب کننده ایی برای شخص مدیر به بار می آورد ولی وقتی نوبت خود ما است، خود را به کوچه ـ علی ـ چپ می زنیم.

9. همه در چرخه قانون آزار حتی بی آزارها

همانطور که پیشتر توضیح داده شد، همه در یک جامعه بشری در حال حرکت هستیم و برای زندگی و موفقیت تلاش می کنیم. این است که همه ما به نوعی در حال آزار به دیگری هستیم. اما شاید این سووال پیش آید که آیا واقعا" هیچ کس نیست که در جامعه بشری بصورت اجتماعی زندگی کند و دیگران را آزار ندهد؟

با اینکه جواب روشن است که خیر، همه در این قانون درحال آزار هستند، با این حال باید توضیح داد که قانون آزار نظیر یک چرخه عمل می کند که همیشه عده ایی در حال آزار دیگران هستند و در همان لحظه دیگرانی هستند که در حال آزار دیدن می باشند. اگر در فرض بسیار نادر بتوان کسی و شخصی را پیدا کرد که بتواند در جامعه باشد ولی آزاری نرساند، باز این قانون نقص نمی شود، چون او کسی است که در قسمت دیگر این چرخه قطعا" قرار دارد و اجازه داده است دیگری به او آزار برساند. اینکه ما اجازه بدهیم کسی به ما آزار برساند یعنی داریم به چرخه قانون آزار کمک می کنیم و اینجاست که خود ما هم در جرم او شریک هستیم هر چند فقط در این نقش در حال دریافت آزار هستیم و فقط آسیب به ما وارد می شود(نقش مفعولی و غیرفعال داریم).

10. حق الناس مفهومی نامشخص بر اساس قانون آزار

همانطور که مشاهده کردید، زندگی در جامعه بدون آزار ممکن نیست. بدون آزار دیگران، به اشکال مختلف امکان هیچ گونه حرکتی وجود ندارد. حال با این وجود شما خود قضاوت کنید که آیا دیگر حق الناس معنی دارد؟

وقتی تمام زندگی ما پر شده است از اذیت و آزار دیگران، چطور می توان مفهومی به اسم حق الناس را تصور کرد؟

این مفهوم زمانی معنی دارد که انسان در زندگی به شکل طبیعی ناچار نباشد به دیگران صدمه و آسیب برساند و اگر بر اساس اتفاق یا بر اساس خواسته خود دست به اذیت شخصی زد، مسئول خواهد شد. ولی در مدلی که مشخص و توضیح داده شد، جهان بی اذیت و آزار امکان ندارد، جهان بی آزار اساسا" وجود ندارد، پس دیگر این مفهوم که دیگران را نباید آزار بدهی نیز از ریشه و بنیان دچار بحران در معنی و مفهوم می گردد.

در جنگلی که همه برای ادامه حیات خود ناگزیر از خوردن همدیگر هستند، با شیر، پلنگ و تمساح از زندگی مسالمت آمیز صحبت کردن جزء یک جوک خنده دار چیزی نیست. اساسا" این مفهوم که حیوانات جنگل دست از طبیعت خود بردارند توهمی بیش نیست. آنها در عین حالیکه یکدیگر را می درند و پاره می کنند، با اینحال عمل آنها را نمی توان زشت، غیراخلاقی و یا آزار نام نهاد. زیرا که همه ناچار از چنین حیاتی می باشند.

گویی در شهر اعلام کنند که پادشاه مقرر داشته است از فردا هر کسی از مردم شهر غذا بخورد مجازات خواهد شد، زیرا غذا خوردن یعنی از طبیعت چیزی را نابود کردن و کم کردن و ضربه زدن، پس هر کسی غذا بخورد باید مجازات شود. چطور می تواند انسانی زنده بماند و زندگی کند ولی غذا نخورد. و این در حالی است که همه حیات انسان به

45

طور اساسی به غذا خوردن او وابسته است و همه در حال انجام این جرم
هستند.

در نهایت اینکه مفهومی که ادیان از حق الناس یعنی حق و حقوق مردم،
یعنی آنچه که مربوط به خدا نمی باشد بلکه مربوط به خود مردم است،
در کتب الهی و توسط رهبر'ن شریعت های مختلف توضیح داده می شود
از بنیان و پایه با این قانون به تضاد کشیده شده و دیگر جوابی در مقابل
این قانون نخواهد داشت. زیرا که در اینصورت همه ما از سر تا پا غرق
در حق الناس هستیم، همانطور که حیوانات جنگل برای بقای خود هستند
و همانطور که مردم برای زنده ماندن باید غذا بخورند.

فصل چهارم

11.آنچه برای یک انسان می ماند

- نتیجه

11. آنچه برای یک انسان می ماند

در نهایت و علی رغم تمام موارد قبلی ذکر شده، آنچه برای یک انسان می ماند به جهت اینکه وقتی به خود نگاه می کند احساس مثبتی نسبت به خود داشته باشد، در این است که از قانون آزار تا آنجا که می تواند بکاهد و نه اینکه آنرا افزایش دهد.

اگر این انسان به این فکر کند که من، چه کمکی، به بشریت کرده ام، من چه کمکی برای پیشرفت انسان ها در زندگی انجام داده ام، دیگر تنها خودش را معیار و مهم نخواهد دانست. دیگر تنها به موفقیت خودش فکر نخواهد کرد.

اگر انسان بتواند این سوال ها را از خود بپرسد و برای موفقیت خود نیز در تلاش باشد، به این نتیجه می رسد که موفقیت من، در موفقیت دیگران گره خورده است و پیوند بسیار محکمی دارد. در اینجاست که برای موفقیت خود هم که شده است، سعی در موفق نمودن دیگران نماید.

این انسان شبیه زندانی ایی است که پایش در زنجیر همراه دیگر زندانیان زنجیر شده در حرکت است، و چاره ایی جز این ندارد که برای دویدن، سرعت خود را با بقیه زندانیان تنظیم نماید.

گروهی کوچک در روستایی را فرض کنید که در حال زندگی می باشند. این انسان می تواند فقط به موفقیت خود بیاندیشد و دیگران را لگدمال کند ، کاری که در مقابل دیگران نیز با او خواهند کرد و در نهایت همه ضرر خواهندنمود. وقتی یک زندانی زنجیر شده فقط به منافع خود فکر کند و تلاش نماید که فرار نماید و زندانی دیگری نیز همین فکر را بکند و زندانیان دیگر نیز همچنین فکری داشته باشند ، همه آنها زمین خواهند خورد ، زیرا همسو نیستند.

در این صورت این انسان در آن روستا برای موفقیت خود اگر 100 گام را در نظر گرفته است، برای رسیدن به آن هدف، موفقیت خودش را در موفق نمودن دیگر افراد روستا خواهد دید. در این صورت سعی می کند که آن روستاییان را به اندازه یک گام بالاتر ببرد و کمک کند که همه یک گام به کمال و پیشرفت نزدیک تر شوند. در این صورت درست است که 100 گام خود را نرسیده است، ولی خود در کنار بقیه روستاییان همگی یک گام به جلو برداشته اند، حالتی که اگر فقط به خود می اندیشید حتی این یک گام نیز در تحقق یافتن قطعی نبود.

نتیجه:

بیا تا گل برافشانیم و می در ساقر اندازیم و

فلک را سقف بشکافیم و طرحی نو در اندازیم

I0449522